上帝给他太多美好

爱因斯坦箴言录

〔日〕弓场隆●编
珞珈●译

人民东方出版传媒
People's Oriental Publishing & Media
東方出版社
The Oriental Press

图书在版编目（CIP）数据

上帝给他太多美好：爱因斯坦箴言录 /（日）弓场隆 编；珞珈 译．
— 北京：东方出版社，2022.1
ISBN 978-7-5207-1942-1

Ⅰ.①上… Ⅱ.①弓… ②吴… Ⅲ.①爱因斯坦 (Einstein, Albert
1879–1955) —箴言—汇编 Ⅳ.① K837.126.11

中国版本图书馆 CIP 数据核字（2021）第 193861 号

上帝给他太多美好：爱因斯坦箴言录

编　　者：［日］弓场隆
译　　者：珞　珈
插　　图：司　宪
责任编辑：王夕月
出　　版：东方出版社
发　　行：人民东方出版传媒有限公司
地　　址：北京市西城区北三环中路 6 号
邮　　编：100120
印　　刷：北京印刷集团有限责任公司印刷一厂
版　　次：2022 年 1 月第 1 版
印　　次：2022 年 1 月第 1 次印刷
开　　本：787 毫米 × 1092 毫米　1/32
印　　张：6.5
字　　数：97 千字
书　　号：ISBN 978-7-5207-1942-1
定　　价：39.00 元
发行电话：（010）85924663　85924644　85924641

前 言

阿尔伯特·爱因斯坦是 20 世纪最为杰出的科学家，名闻天下。他在不同时间、不同场合发表的言论，也大放异彩，传颂至今。这些具备常识、富于良知、谦虚机智的言论，一经出自爱因斯坦之口，便蕴涵隽永，令人叹服。

他的话能鼓舞人心，令人勇气倍增。

他是 20 世纪的最伟大的天才，但却平易近人，甚至狡黠可爱。关于这一点，我们可以从许多名人、以及他身边的人的评价中感受得到。我介绍几个给大家看看吧。

教授从不穿袜子。富兰克林·罗斯福邀请他去白宫时，他也没有穿袜子。

——海伦·迪卡斯（爱因斯坦的秘书）

在我眼里，他是一个珍视人际关系、对我显示了纯粹的兴趣和理解的人。

——泰戈尔（印度诗人、诺贝尔文学奖获得者）

他是个伟大的学者，但同时也是在那个价值观摇摇欲坠的时代里支撑着人类良心的人。

——巴布罗·卡萨尔斯（出生于西班牙的大提琴演奏家）

人们喜欢我，是因为对他们来说，我非常容易理解；而人们喜欢你，是因为他们谁也理解不了你。

——查尔斯·卓别林

上帝在他的身体里注入了太多的美好。实际上他是一个非常了不起的人物，但是与他生活在一起，你会感到疲惫不堪，困难重重。

——爱因斯坦的第二任妻子艾尔莎·爱因斯坦

他开朗大方，充满自信，彬彬有礼。他对心理学的理解，就如同我对物理学的理解，因此我们的交谈非常投机。

——西格蒙德·弗洛伊德

他是我们这个时代最伟大的科学家，他追求真理，从不向邪恶和虚伪做任何妥协。

——贾瓦哈拉尔·尼赫鲁（前印度总理）

从改变人们的世界观这一点来看，影响力能与牛顿、达尔文匹敌的就只有爱因斯坦了。

——《纽约时报》

数学、物理自然是爱因斯坦潜心研究的领域，而他对人生的好奇，也从无休止。因此当我们阅读他的睿智箴言时，除了能感受到他的幽默天性之外，还能获得更新的视野。

本书是在 2006 年 3 月出版的《倾听爱因斯坦的心声》基础之上，新增了部分内容，重新装帧，并以口袋版的形式再次出版的。[①] 如能放在你的案头枕边，则不胜荣幸之至。

---

① 指日本 Discover 21 出版社版。——编者注

目　录

1

关于活法

001

人的活法无外乎两种。

一种是奇迹无处可见，一种是奇迹无处不见。

002

面对时光

我们必须向过去请教、为今天生存，同时寄希望于未来。

003

知性的傻瓜

知性的傻瓜总是倾向于将事物复杂化。而要扭转这种倾向，需要一点点才能和更多的勇气。

004

成功的秘诀

成功的秘诀就是好好工作、尽情玩乐、不说废话。

005

自主思考

与其设法掌握特殊的技能，无如培养自主思考判断的能力，我认为这更重要。

006

理想生活

在物心两面都能存质朴、去矫饰，我想这样的生活是任何人都期盼的。

007

意义

赋予人生以意义的，唯有劳动。

008

工作的价值

工作是赋予人生以意义的唯一之物。说到底，我们的目标只不过像一个肥皂泡。我们都是从猴子进化而来的两足动物。

009

金钱的局限

人生最重要的东西，仅靠金钱是得不到的。

010

遗憾的事

遗憾的是，利己主义和竞争心比公共心和责任感更有力。

011

关于成功的误会

一个人热心工作、创造巨额财富，这并不能推动人类前进。你能想象摩西、基督或甘地拥有巨额财富、大肆购物的身影吗？

012

精神价值

只有尽量去除物质的欲望，人们才能度过和谐而有意义的人生。我们的目标应该设定在提高社会的精神价值之上。

013

目标

不要试图成为一个成功者，而要努力成为一名有价值的人。

014

什么是价值

真正有价值的东西不是来自野心或责任感，而是源自对人类的爱与奉献。

015

没有人是一座孤岛

我们是因为他人而存在的。这个道理无需深入思考，在日常生活中就显而易见。

016

自欺欺人

不断重复同样的过程，却期待不同的结果，这一定是他的脑子错乱了。

017

因果律

我们在这个世上所做的一切，都受原因与结果的法则所支配。但是，幸运的是，我们并不知道这个法则为何物。

018

陌生的自己

如果我们能更客观地看待自己，就会发现还有更多值得我们担心挂念的事。

019

亲身体验

亲身体验，没有比这更好的学习方法了。

020

终生学习

知识需要通过不懈的努力来时时刷新。

这就如矗立在沙漠中的大理石像，需要时常打磨，才能让它在太阳下熠熠生辉。

021

知识的真谛

知识有两种。一种是收录在书本上的死知识，一种是人们意识中的活知识。

不可或缺的是后者。

前者确实非常重要，但不过是第二义的。

022

信念与迷信

不是基于知识的信念，那不过是迷信，因此必须加以排除。

023

细节

不重视小问题的人，自然也不能委任大课题。

024

一种孤独

高尚的人鼓起勇气、发挥知性时，那些平庸者是理解不了的。

025

格言的再审视

旁观者清，当局者迷。这句格言包含了许多真理。

026

驱动他人

率先垂范，这是驱动他人的唯一方法。

027

矛盾又可爱的人类

饥饿、爱情、痛苦、恐怖是支配我们自我保护本能的内在力量之一。

但同时，我们又是社会性的存在，通过同感、荣耀、憎恨、权欲、悲悯而与他人发生关联。

这些冲动难以用语言简单表述，但它们是人类行为的源泉。

如果没有它们强大的驱动力，我们的行为将会停止。

028

人是情感的动物

人无法像爱马一样爱车。
这是因为，与汽车不同，马能激发我们内心爱马的情感。

029

如何衡量一个人

人之于社会有何等价值，全在于他的情感、思想与行为对他人有多大贡献。

030

恋爱是一件小事

恋爱是必要的，也是快乐的，但决不能把它当作人生的主要目标。否则，他将迷失自己。

031

幸好一切终会结束

对于风烛残年的老人而言，死亡无异于一场救济。

当我步入年迈，开始把死亡视作还债时，对这句话更是体会有加。

032

理解他人

只有与对方同悲共喜，你才能真正理解他。

033

奉献

人生的真正价值在于奉献而不是索取。

034

照亮我前程、鼓励我积极面对人生的是爱心、美和真理。

035

贡献社会的方式

我们贡献社会的最佳方式是为人们提供有意义的工作，从而间接地支援他们的生活。

036

崇高

我们必须为服务大众而竭心尽力。这才是人的最崇高的职责。

037

价值

为众生而活，这才是有价值的活法。

2

关于科学，以及神秘

038

科学精彩吗？

科学非常精彩。
只要你不是以它来维持生计。

039

科学的魅力

科学发现的过程，其实就是将那些神秘的、不可思议的事情一一解开的过程。

040

自然的复杂与精密

准确地预测气象是不可能的。但这是因为气象是多种要素的组合，并不意味着自然界缺乏秩序。

041

万物皆有法则

世间的一切都受自然法则所支配。这一认识是科学研究的立足点。

这一认识也同样适用于人类的行为。正因为如此，科学家们不相信向超自然的存在祈祷就能改变事实。

042

为什么科学让生活变得便捷，却未能使人们幸福？

简单地说，那是因为我们还没有学会如何有效地利用科学。

043

科学可悲的副产品

现代人的道德荒废，其原因在于生活的机械化与人性的丧失。这是科学技术进步所带来的可悲的副产品。

044

科学知识并不能让世间美好

要让世间美好，重要的不是掌握科学知识，而是追求传统与理想。

045

殊途同归

一旦达到某种高度，科学和艺术就会呈现出美的融合。
因此，超一流的科学家往往也是艺术家。

046

走捷径

一块面板，在最薄、最容易开孔的地方钻开许多孔，对这样的科学家我难以容忍。

047

并不存在的现实

对于相信物理学价值的我们来说，过去、现在、未来不过是个永续性的幻想。
所谓现实，无非就是一个幻想，但它具有很好的永续性。

048

追求无非是另一种逃避

人们追求艺术与科学的最强烈的动机之一，就是希图摆脱日常生活的单调与轻浮，逃避到自己想象的世界中去。

049

艺术与科学的共性

所有的宗教、艺术、科学，都是同根连枝。
它们的目的在于让人脱离低级趣味，活得高尚尊严，指引人们进入自由的境界。

050

上帝的答案

简单的解决方案，那正是上帝给予答案的证据。

051

渺小

我对自然仅知少许，对人类几乎无知。

052

身边的真理

好好关注自然吧。
如此，世间万物你将理解得更深刻。

053

我的敬畏

我对两件事满怀敬畏。
它们是浩瀚无限的天空与自己心中的宇宙。

054

自然界之于我

面对自己赖以生存的伟大而神秘的自然界，当我们思索永恒、生命、宇宙时，无人不感到敬畏。

每天，我都充满着好奇心，为的是能更多一点理解自然界的神秘。

055

人与大海

人如大海，时而平和友好，时而狂野敌对。

重要的是，人和大海都几乎是由水构成的。

056

浩瀚与微小

大海看上去浩渺无边，尤其是当太阳西沉时更是如此。我也觉得仿佛自己与自然融为一体。

这时，我更会认识到人是一个何等渺小的存在，为此而感到幸福万分。

057

人类也并不例外

世间万物都受到一种我们无法掌控的力量支配。

夜空的繁星、大地的虫子概莫能外。

人类、植物、宇宙的尘埃，所有的一切都在和着遥远彼岸的演奏者所奏出的神秘旋律跳舞。

058

对宗教的信心

知道还有我们所不能理解、且以最高的智慧和美呈现的东西存在；知道以我们人类肤浅的能力尚不能清晰知晓的东西存在。——这就是宗教的核心。

从这个意义上来说，我是一个非常有信心的人。

059

宗教的责任

回答有关人生意义的问题，那是宗教的责任。

3

关于独创性

060

独创性的秘诀

独创性的秘诀就是把自己是从何处获得的灵感隐藏起来。

061

功成名就的傻瓜

真正能获得崭新灵感的仅限于年轻时代。
其后日益积累经验，功成名就，终而变成一个傻瓜。

062

傻里傻气

乍一看没点傻气的创意，大抵没什么希望。

063

人的独特之处

我们的行为与其他高等动物的行为看似天差地别，但是人与动物的本能却非常近似。

最大的差别在于，人有强大的想象力，并能借助语言思考。

064

什么是发明

发明不是逻辑思维的产物，但最终产品却是逻辑建构的恩赐。

065

偏见和狭隘是如何形成的

只看报、只读流行作家的书的人，在我看来就是不会使用眼镜的高度近视者。他们完全依存于当下的偏见与流行，除此以外的东西他们完全不闻不见。

066

想象力

对我而言，空想的才能比掌握知识的才能意义更大。

067

原创性的生机

我们所享受的物质、精神的恩惠，都是拜过去无数的独创者所赐。比如，发现火的人、首次栽培食用植物的人、发明蒸汽机的人……

没有那些与众不同的具有独创精神的人，就没有社会的发展。换言之，我们不能发展人的个性，社会就无从进步。

4

关于学校教育

068

智慧

智慧不是学校教育的产物，而是希望得到它的学生们终生努力的结果。

069

我不教学生

我不教学生。
我只努力提供适合他们学习的环境。

070

教育的目的

教育的唯一目的在于磨砺思考与知识，作为一家教育机构，学校需为达此目的而尽职尽责。

071

所谓教养

所谓教养，就是把在学校学到的东西全部忘记后的剩余物。

072

最好的技巧

教育者的最好的技巧就是让年轻人发现创造性的表达与知识的喜悦。

073

如何提问

几乎所有的老师提问都是为了发现学生还不知道什么。
但这是徒劳。
真正有效的提问，是为了发现学生知道什么、能够知道什么。

074

学习的意义

学习，进而言之所谓的追求真理与美，其实就是一种允许我们一辈子当一个孩子的活动范围。

075

教育的课题就是激发学生玩耍的热情、提高他们获得认同的欲望，进而引导他们承担社会的重要责任。

为达此目的，教师要在自己的专业领域里成为一种艺术家。

076

教师的权威

依我而言，最糟糕的是学校凭借矫饰的权威，煽动恐怖心理，向学生强行灌输某种东西。

与此相对的是，如果学生的尊师之心源自教师的人格与知性，那么利用一下教师的权力与尽可能少的强制手段也未尝不可。

077

知识并不重要

对我们而言，学习知识并不那么重要。

如果目的仅限于此，那就不需要大学了，因为知识从书本也可学到。

大学的价值不在于学到多少知识，而在于培养学会思考的头脑。

078

学习不是义务

不要把学习当成自己的义务，而要把它作为难得的机会：学习能滋润你的生活，将来进入社会还能给你带来福泽。

079

历史的作用

在学校，历史不应该用来灌输帝国主义大国的理想与军事的成功，而应该用来讲解人类文明的发展。

这样的话，就如同地理一样，历史也能促进民众对多姿多彩的民族与国民特性的理解。而且，这种理解的对象还应包括那些被贴上“原始”“落后”标签的民族与国民。

080

人格重于技能

仅教人以专业技能是远远不够的。他或许能像机械一样发挥作用，但不能获得完善的人格。

让学生获得对价值观的理解力，培养学生对于美和道德的良好感觉，这是独不可缺的。

否则，仅有专业技能，他非但不能成为拥有完善人格的专才，更可能成为一只驯良的狗。

081

给年轻人的忠告

告诉年轻人，不应该把普通的成功当作自己人生的最主要目的。学业和劳动的最重要的动机，应该是学习、工作所带来的快乐，以及最终贡献于社会的期待感。教育者最重要的课题就是激励年轻人，将这种意识根植于心底。

082

学校与传统

学校是将传统这一宝贵的财富代代相传的最为重要的手段。而且，相较于过去，这种重要性今天更为迫切。

这是因为在现代社会，作为传统与教育的承担者，家庭的作用日益薄弱。

因此，为维持社会的健全，学校的作用比诸从前，越发重要了。

083

学会敬畏

各位未来的主人们，今天你们在学校所学到的，是世界各国好几代人付出艰辛努力所创造出来的成果。

这一点，你们切不可忘。

你们得到这些成果，还要继续细心打磨，再把它们传给下一代。

正是一代又一代的人们打造共有的财富，人类才得以存续。

这一点，你们切不可忘。

这样，你们就能从人生和工作中找到意义，对别的国家和时代心怀敬意。

5

关于战争与和平

084

战争的罪恶

在我看来，战争杀人与通常状况下的杀人，其罪恶并无区别。

085

关于暴力

暴力也许能扫除障碍，但这绝非建设性的方案。

086

我反对战争

我反对战争是基于我的本能。我对杀人不可容忍，深恶痛绝。这一态度并非出于伦理，而是基于我对一切残暴与歧视的本能的反感。

087

关闭兵工厂吧

如果全世界的工人们下定决心，不制造、不输送武器，那么战争就将永远结束。我们必须这么做。

让我们竭尽所能，为关闭战争的源泉兵工厂而努力吧。

088

和平代替战争

我们应该将为战争所付出的巨大牺牲，也投到和平事业当中去。
对我而言，没有比这更重要的课题了。

089

提倡兵役的前提

我是一个积极的和平主义分子，一如从前。

但是如果要让我在欧洲再次提倡拒服兵役，那需要一个绝对的条件：攻击性的独裁政权不可威胁民主主义国家。

1920 年代，由于当时还不存在独裁政权，我向全社会呼吁：“拒服兵役，就能回避战争。”

但是当今天若干个国家已经感到威胁，如果许多人拒服兵役，那么攻击性的国家将比非攻击性的国家占据优势。

（引自 1941 年 12 月 30 日《纽约时报》的采访）

090

大国的态度

眼睁睁地看着一个拥有伟大文化的小国遭受邪恶势力的破坏，这不是一个大国应有的态度。

091

以直报怨

我是一名热心的和平主义者，但不是僵硬教条的和平主义者。

也就是说，虽然我反对在任何状况下行使武力，但当直面以破坏生命为目的、且付之于行动的敌人时例外。

092

绝不姑息暴力

我完全赞成甘地的主张。
但如果有人试图威胁我的生活、杀害我和我的家人，那我将不惜暴力，殊死抵抗。

093

制衡

关于原子弹制造，我所发挥的作用就是在致罗斯福总统的一封有关制造原子弹、进行大规模试验的书笺上签下了我的名字。

我深知这种试验一旦成功，人类将遭遇多大的危险。

但是我签名是因为我知道德国正在加紧制造原子弹，并且可能取得成功。

我虽然是名彻底的和平主义者，但除此之外别无他法。

094

控制核能唯一的办法

控制核能的最有效的办法就是深入理解全世界的人们。

我们科学工作者应该认识到自己承担的重大责任，不断促进人们对于核能的理解与运用。只有这样，才能实现我们的安全与梦想。

我们的行动是为了生存，而不是为了死亡。这是我们应有的姿态。

095

科学家的悲剧性命运

我们科学家掌握着摧毁人类的方法，背负着悲剧性的命运。也因此，全力阻止使用大规模杀戮性的武器，是赋予给我们的绝对义务。

096

核能的普及

不是因为核能的普及而产生了新的问题。
实际是由于核能的普及，解决既有的问题日益成为紧急的课题。

097

珍惜文化价值

珍惜文化价值的人，毫无例外地
都是和平主义者。

098

和平的诞生

暴力不能实现和平。
只有相互理解，和平才能诞生。

099

我有一个梦想

我祈祷着一个新时代的到来：人们的良心与良知苏醒，战争只被当作祖先们的一场异常的行为看待。

6

关于国家，以及关于我是犹太人

100

冷静是一种稀缺的素养

只有很少的一部分人能冷静地表达不同于偏见的真知灼见。更多的甚至连自己的意见都没有。

101

舆论与真知

我们每个人都在参与制造舆论，因此我们要知道什么才是我们真正所需要的，然后还必须有勇气把它表达出来。

102

如果相对论是正确的

如果我的相对论被证明是正确的，估计德国会宣布我是德国人，法国会宣布我是世界公民吧。

103

国家的义务

国家的主要义务就是保护个人，给予他们发挥创造性的机会。

104

选择一个国家

如果可能的话，我希望在自由、平等、博爱这三者都得到法律保护的国家生活。

105

正常运转的社会

要让社会功能正常运转起来，构成社会的人们不仅需要团结一致，还需要人人自立。

106

永恒的方程式

对我而言，方程式比政治更重要。

政治受限于当下，而方程式却是永恒的。

107

国家的命运

在民主政府时代，国家的命运掌握在民众的手中。所有的人都要牢记这一点。

108

偶像

所有的人都应该受到尊重，但不能把特定的人偶像化。

109

人类的喜讯

根据人类学的研究，人的社会性行为由于文化、组织的不同而迥异。

也就是说，人类并不因为自己的生物学的结构而处于相互残杀、互相灭绝的宿命之中。

这对于努力开创人类命运的人来说，是一个喜报。

110

给宗教去魅

如果犹太教排除那些预言家们，如果耶稣基督从他本来的基督教中排除那些弟子们的教示，那就只剩下能够解决人类问题的教诲了。

111

关于犹太人

我为自己是个犹太人而感到幸福，但我不认为犹太人是上帝优选的民族。

112

我是一个国际人

我是一个不拘泥于国籍的国际人，这一信念贯穿始终。但同时，我也常常感到有义务声援遭受迫害的犹太人同胞。

113

犹太人的信念

既然是名犹太人，那就意味着要去认识、实践《圣经》中所写的为人的基本要素。

这些基本要素对构建健全而幸福的社会必不可缺。

114

我的种族

犹太人作为一个民族，也许势单力薄，但每一个犹太人所创造的业绩聚拢在一起则光彩夺目。而且，这些业绩还是在克服重重障碍之后取得的。

115

精神追求的进一步进化

人类的精神如果进一步进化，那么人们的信仰不是基于对生与死的恐惧或盲信，而是对合理的知识的追求。

7

关于结婚和家庭

116

婚前婚后，变与不变

结婚之际，妻子希望丈夫发生变化，而丈夫期望妻子不会变化。双方失望是必然的。

117

婚姻是危险的

异教徒之间的婚姻是危险的。不，仔细想来，任何婚姻都是危险的。

118

婚姻与占有

人一旦结婚，就难免会把对方当成自己的私有物，而不是一个自由的人。

119

妻子的习惯

妻子待在家中，就总会想着折腾家具。

一起出去旅行时，她就总会把我当成家具，时刻想着要修理我。

120

婚姻的本质之一

婚姻，不过就是一种试图将某一事件持之永恒而又不能如意的尝试。

121

婚姻的本质之二

婚姻不过是披着文明伪装的奴隶制度。

122

人们总是倾向于美化

我们不是能用化学或物理学来将重大的生物学现象解释得像初恋一样吗?

123

沉浸在自己的世界里

迄今为止，我从不隶属于特定的国家或朋友，甚至我的家庭。与他们的关联我并不关心，随着岁月的流逝，我更愿意沉浸在自己的世界里。

124

只因为你还年轻

读着你的来信，我不禁想起年轻时候的自己。

年轻人在心中有将自己与社会对立的倾向。他们把自己与形形色色的人进行比较，时而忧郁时而自信。

年轻时觉得人生永恒，自己的行为与思想至关重要。

（这是爱因斯坦致儿子汉斯的信。分居后，儿子汉斯为妻子所抚养。）

125

对儿子的期待

不要太担心分数。
好好学习，只要不留级就行。
没有必要所有课程都得高分。
（这是爱因斯坦致儿子汉斯的信。）

126

是的，我是个父亲之一

这是给你的第三封信。
我给你写过两封信，但都没有收到你的回信。
你把父亲忘了吗？
我们再也见不到面了吗？
（这是爱因斯坦致儿子汉斯的信。）

127

是的，我是个父亲之二

汉斯已经到了非常关键的年龄。我想把我的影响限定在知性与美这两方面，教给儿子思考、判断和对事物的客观评价。为此，我每年需要数周的时间见到他。数天的时间，太过匆忙，不可能学到什么重要知识。

（爱因斯坦致分居中的妻子米列娃的信。由于担心与儿子关系疏远，米列娃不愿他们父子频繁见面。）

128

如果我不入你的法眼

如果我开始关心起自己的穿着打扮来了，那一定不是真正的我。

穿什么衣服，对我真是无所谓。

我这样的男人不入法眼，那就请你去挑选更有魅力的男人吧。

（爱因斯坦致将来的第二任妻子艾尔莎·赖本塔尔的信）

129

人生是一场背负重荷的远行

一周前，我的母亲在极度的痛苦中离世了。

我们都为此疲惫不堪，深感血肉相连所具有的意义。

看着自己的母亲在痛苦中死去，自己却无能无力，这等苦楚我已深知。

我找不到一丝的慰藉。

人生就是一场背负重荷的远行，谁都要背着它活下去。

130

照片的慰藉

翻看几年前拍摄的父母的照片，这是一件多么令人高兴的事啊。父母当年的身姿面容清晰地留在照片上。

遗憾的是，他们活着的时候，仪容已经大改。这也是我觉得照片真好的原因。

8

关于自己、再次关于活法

131

我的人生

我的人生过于单纯，谁也不会感兴趣。

132

为什么是我创建了相对论

有时我也会问自己，为什么我会是那个创建相对论的人。

我的答案是这样的。

一般大人们不会再去思考时间与空间的问题了，而我则由于智识发育迟缓，长大成人后才终于开始思考这些问题。

133

曾经的梦想

年轻时，我希望在职场的一角，
潜心研究，不受世间打扰。
那么后来的结果怎么样了呢?
请看我的现状吧!

134

获得名声后之一

我写的书从不引人关注，而我本人却如此引人瞩目，你不觉得奇怪吗？

135

获得名声后之二

自打我获得名声后，就变得越来越愚蠢了。

当然，这也是极为常见的现象。

真正的我与世间推崇的我，两者之间存在巨大的差异。

但这些除了笑纳，别无他法。

136

获得名声后之三

以前，我从未想到过我的几句随意的发言也会被整理记录下来。不过，幸而如此，否则我也许会越发将自己封闭在自我的世界里。

137

我的报应

为了惩罚我蔑视权威，命运遂将我树立成权威。

138

只要我还有用

只要我还有用，人们就会对我花言巧语，极尽逢迎之能事。而一旦意见不合，为了捍卫自己的利益，他们就会巧舌如簧，对我痛加批判，毫不留情。

139

避免被赞誉腐化

避免自己在一片赞誉声中腐败，唯一的方法就是继续有条不紊地工作。

人们总是愿意停下脚步，倾听欢呼。但我不能受此迷惑，重要的是继续我的工作。

没有比这更重要的了。

140

忽冷忽热的人际关系

我理解所有的人际关系都是在不断变化的，我也学会了如何从忽冷忽热的人际关系中明哲保身。现在我已能很好地保持温度的平衡了。

141

幽默精神

昨日待我如偶像，今日憎我以唾弃，明日相忘于江湖，大后日推崇我如圣人。

唯一的救济是幽默。我将保持幽默的精神，直至死亡来临。

142

挖掘隐私是缺德之举

侵犯他人的隐私，我个人认为这是缺德之举。报纸不应该追逐那些花边新闻，而更应该关注那些真正重要的事件。这样的话，我坚信世间会变得更美好。

143

父亲的指引

少年时代，父亲曾给我看一只小小的指南针，我至为感动，这给了我人生莫大的影响。

144

人生如能重来

人生如能重来，我想当一名水管工。

145

为了生计

我们两人的未来兹定如下。

我马上去找工作。

虽然我有一名科学家的目标和个人的虚荣，但是任何微不足道的工作都可接受。

（年轻时的爱因斯坦曾遭遇就职难。本文摘自第一次婚姻前2年，爱因斯坦致未来的妻子米列娃·马里奇的信。）

146

幸福的人

幸福的人往往满足于现在，而不会太多地思考未来。

（爱因斯坦 17 岁时的作文）

147

愤怒

愤怒只存在于愚蠢者的心中。

148

我年幼时

我年幼时迟迟不能开口说话，父母很担心，还曾带我去看医生。实际上，我能开口说话是在三岁以后。

149

我的英语水平

我不擅长书写英语，因为英语单词的拼写太不规则了。

当然，阅读不成问题。

尽管如此，我只是在心中默读，并不可能记住单词的拼写。

150

最难理解的事

世上最难以理解的就是所得税的构成。

151

数学的烦恼

你对数学的烦恼还不算严重。
因为数学更严重地困扰着我。

152

我的特殊能力

我的特殊能力是能够推想到他人的发现将带来怎样的结果。

我可以轻松地做到从多元的角度来看待事物，但是数学的计算却非我擅长。

这类细节的事情，其他人比我做得更好。

153

我爱看的书

我正在阅读陀思妥耶夫斯基的《卡拉马佐夫兄弟》。
我还是第一次读到这么精彩的小说。

154

日本非常了不起。
人们生活在美如画卷的国家。
优雅的举止、艺术的感性、诚实、良识，哪一项都非常杰出。
（1922 年访日时）

155

我热爱的音乐

莫扎特的音乐纯粹而美丽，就像反映出宇宙内在的美一样。

156

想象力的条件

我觉得自己拥有艺术家的素养，这令我能够充分展开自己的想象力。

157

钢琴与小提琴

钢琴比小提琴更适宜即兴演奏。
因此，我每天都在弹钢琴。
当然也因为拉小提琴对于年迈的我来说，真是一件吃不消的体力活。

158

放弃小提琴

我已经不再演奏小提琴了。
随着年龄增长，我难以忍受听自己的演奏了。

（致比利时伊丽莎白王妃的信）

159

探究真理的艰难

我深切地体会到，无论迈出何等微小而坚实的一步，这对探究真理来说都是十分艰难的。

160

独处

在日常生活当中我喜欢一个人独处，但我自觉是许许多多为真善美而努力的人们当中的一员，我并不感到孤独。

161

直觉与灵感

我相信直觉与灵感。
有时我觉得自己是正确一方，但
我不知道是否真的如此。

162

令人讨厌的人

良好的知性与不招人爱的人格糅合在一起，其散发的气味令人厌恶。

163

智囊团的竞争

我已无必要参与智囊集团的竞争。

对我而言，这类竞争形同奴隶，与围绕金钱与权力的竞争同等邪恶。

164

私利私欲

人一旦被私利私欲蒙蔽双眼，失望只是迟早的事。

165

人类的好奇心

探究得越深，想知道的就越多。我确信，只要有人存在，这种现象就不会改变。

166

人世间最好的生活方式

喜他人所喜，悲他人所悲，这是人世间最好的生活方式。

167

在上帝看来

在上帝面前，人们同样聪明也同样愚蠢。

168

关于我的长相

我非常讨厌自己的照片。
看看我的脸吧，如果没有胡须，
看上去像不像个妇女？

169

给开玩笑的忠告

有趣的玩笑不应该重复多次。

170

永远的谜

我不希望对自己做精神分析，就让它成为永远的谜吧。

171

孤独

我喜爱孤独。

而且，年龄越大，这种倾向就越强烈。

172

即便医生不帮忙，我也能死亡。

173

上了年纪之后

年轻时，我对所有的人和事都饶有兴趣。

但是，随着年龄增长，我发现同样的事总是周而复始，不断重复。

上了年纪以后，喜悦、惊讶越来越少，失望也越来越少。

已失无可失的年长者应该多替年轻人发言，因为年轻人没有多少机会能发出自己的声音。

174

我全身都不舒服，就像一辆随时散架的老爷车。

但是只要还能工作，我的人生就有意义。

175

年迈时分之二

耄耋之年，人生仍有绚丽夺目的瞬间。

176

晚年的慰藉

我很满意我的晚年。
因为我还有幽默的精神，也留心
不跟自己和他人较劲。

177

追寻着光

今后，我想好好思考一下光是何物，直至死亡。

阿尔伯特·爱因斯坦其人其事

1879 年 3 月 14 日出生于德国乌尔姆的家中，1955 年 4 月 18 日去世于美国新泽西州的普林斯顿医院。死因是腹部动脉瘤破裂，享年 76 岁。

健康诊断的结果

兵役不合格（1901 年 3 月 13 日，21 岁）

身高：171.5 厘米

胸围：87 厘米

异常：静脉瘤，扁平足，足底过度发汗

爱因斯坦不仅在物理学领域创造了伟大的业绩，蜚声世界，他还因为频频发表政治性言论，履行着一位科学家的道义和社会的责任。

第一次世界大战期间，爱因斯坦倡导彻底的和平主义，公开表明反战的立场。同时，他公开支持犹太人建国运动，遭受纳粹迫害，不得不逃亡美国。

第二次世界大战后，他与汤川秀树博士等一起呼吁成立世界政府。1952 年，在其 73 岁时，建国 3 周年的以色列政府邀请他出任第二任总统，但被他拒绝了。

他醉心于科学研究，但在私生活方面却任性随意。他用洗衣肥皂洗脸、用抹布擦脸、用烟灰缸盛饭，乖离常识。他总是顶着一头蓬乱的头发，两只脚因为足底过度发汗而不愿穿袜子。曾有人披露，二战期间，爱因斯坦与富兰克林·罗斯福会谈时就没有穿袜子。

爱因斯坦逃亡美国后，德语口音浓重，英语总也说不好。那幅著名的吐舌头的照片，就是在大学课堂上被学生指出拼写错误时拍摄的。

尽管功勋卓著、声名显赫，但爱因斯坦为人谦虚，富于幽默，平易近人。这也是他作为一位科学家、一名普通的人能为世界人民所喜爱的原因吧。

1922 年 10 月 8 日，爱因斯坦访问日本，受到狂热的欢迎。此后，他成为一名知名的亲日家。在得知日本遭到原子弹轰炸时，他感叹道：“如果我能预见到广岛和长崎的话，我就会撕毁 1905 年发现的公式。”

爱因斯坦有过两次婚姻。第一次是 1903 年 1 月，时年 23 岁，婚姻对象是学生时代就有交往的米列娃·马里奇。米列娃出生于当时属于匈牙利的塞尔维亚，年长爱因斯坦 3 岁。这次婚姻遭到母亲的强烈反对。

他们两人育有二子，婚姻生活起初比较和美，但后来夫妻关系逐渐恶化，最后妻子带着两个儿子离家分居。

1912 年，爱因斯坦与已经离婚、年长自己 4 岁的表姐艾尔莎·赖本塔尔交往亲密，情书往来频繁。1919 年 2 月与米列娃正式离婚后，同年 6 月 40 岁的爱因斯坦与艾尔莎再婚。他们两人之间没有子嗣，婚姻生活直至 1936 年艾尔莎去世。

爱因斯坦与艾尔莎的再婚还有这样一段故事。艾尔莎有两个单身女儿，其中一个伊尔莎（21 岁）担任爱因斯坦的秘书。爱因斯坦曾向伊尔莎求婚，但伊尔莎迟迟没有给出答复。因为伊尔莎知道爱因斯坦已经向母亲求婚，而母亲也准备为了女儿而激流勇退。更重要的是，伊尔莎对年长 20 多岁的爱因斯坦敬慕如父，并未产生异性间的爱情，因而拒绝了爱因斯坦的求婚。最终，爱因斯坦与艾尔莎再婚。

爱因斯坦谈及与第二任妻子的婚姻生活时，曾表示："前妻能够理解科学，而现在的妻子对科学一无所知，这真是太好了。"艾尔莎去世以后，爱因斯坦与一位名叫乔汉娜·范托瓦的女性有过交往。

爱因斯坦喜爱动物。移居美国后，他饲养了一头名叫契克的狗、一只名叫"老虎"的猫，晚年还饲养了一只名叫比伯的鹦鹉。他的兴趣广泛，读书、拼图（从全世界收集）、帆船（留有晚年与乔汉娜在帆船上约会的照片）、写信（成名以后公、私信件超过 1 万封）、拉小提琴（合奏时经常拉错拍子）、弹钢琴（自称适合独奏和即兴演奏）、音乐鉴赏（尤其喜爱莫扎特、巴赫、舒伯特）等，都是他闲暇时的乐趣。

他最爱读的小说是陀思妥耶夫斯基的《卡拉马

佐夫兄弟》。此外，托尔斯泰、歌德、罗曼·罗兰、萧伯纳等也是他喜爱的作家。同时代的人物，他尊敬甘地、伍德罗·威尔逊、富兰克林·罗斯福、伯特兰·罗素、居里夫人、阿尔贝特·施韦泽、卓别林、弗洛伊德等。

爱因斯坦有素食主义的倾向。他喜欢睡觉，每天的睡眠时间都在10个小时以上。